TAL VEZ MONSTRUOS

Fragmentos de

[INCOGNITA FLORA CUSCATLANICA]

MONSTERS MAYBE

Fragments from

[INCOGNITA FLORA CUSCATLANICA]

TAL VEZ MONSTRUOS
Fragmentos de
[INCOGNITA FLORA CUSCATLANICA]

MONSTERS MAYBE
Fragments from
[INCOGNITA FLORA CUSCATLANICA]

Elena Salamanca
translated from the Spanish by Ryan Greene

TAL VEZ MONSTRUOS Fragmentos de
[INCOGNITA FLORA CUSCATLANICA]

MONSTERS MAYBE Fragments from
[INCOGNITA FLORA CUSCATLANICA]

Copyright © Elena Salamanca, 2022
Translated by Ryan Greene

Mouthfeel Press is an indie press publishing works in English and Spanish by new and established poets. We publish poetry, fiction, and non-fiction. Our print books are available through our independent bookstores, website, Bookshop.org, and other online and independent booksellers, or at author's readings.

Cover Art by Octavio Quintanilla
Art Title: Frontextos, Versos 46
Cover Design: Karen Dreher

Contact Information:

Mouthfeelbooks.com
Info.mouthfeelbooks@gmail.com

PRINT ISBN: 978-1-957840-04-8
EBOOK ISBN: 978-1-957840-05-5

Published in the United States, 2022
First Printing in English
$12

AGRADACEMIENTOS / ACKNOWLEDGMENTS

En 2021, la versión original de *[INCOGNITA FLORA CUSCATLANICA]* ganó el XXVI Premio Juegos Florales de Sensuntepeque, El Salvador. Fragmentos individuos del poema han aparecido en línea en la revista *POESÍA* (Venezuela), *Nueva York Poetry Review,* y *El Borracho Abstemio.* Ninguna parte de *TAL VEZ MONSTRUOS* ha aparecido de forma bilingüe en inglés.

In 2021, the original version of *[INCOGNITA FLORA CUSCATLANICA]* was awarded the XXVI Premio Juegos Florales de Sensuntepeque in El Salvador. Individual fragments of the poem have appeared online in the magazine *POESÍA* (in Venezuela), *Nueva York Poetry Review,* and *El Borracho Abstemio.* No part of *MONSTERS MAYBE* has appeared bilingually in English.

ÍNDICE / TABLE OF CONTENTS

VALLE INESTABLE / UNSTABLE VALLEY – 1

ALEXANDER VON HUMBOLDT ROBÓ DEL JARDÍN DE AMÉRICA / ALEXANDER VON HUMBOLDT STOLE FROM THE GARDEN OF AMÉRICA – 21

Nota de autora / Author's note – 36

Nota de traductor / Translator's note – 38

Author's Biography – 40

Translator's Biography – 41

❀

VALLE INESTABLE

❀

UNSTABLE VALLEY

Valle inestable,
fugitivo
como pez de las profundidades
que ha salido a la luz
y teme ver
por primera vez.

Valle de temblores,
convulso
como quien recibió la carta del llamado a la guerra,
como quien no quiere morir.

Me llevas de la mano
y me sueltas:
con los ojos vendados,
jugando a la gallina ciega
en el laberinto de la Historia.

Toco:
Musgos mullidos.
Verdes deben ser
como fue el primer fuego,
fuego austral.

La vida no viene de la semilla
sino de la bacteria:
bacterias de terciopelo reunidas en colonia
sobre una roca.
Aquella piedra antigua:
asteroide o vestigio de volcán.

Pruebo:
"todas las cosas eran susurrantes y con gusto a azúcar."
Aunque no exista lo dulce o lo amargo:
ni los hombres que
se tuestan la espalda en la zafra,
o en los campos de algodón,
recogiendo una suave flor blanca de rojas espinas;

Unstable valley,
fugitive,
like a fish from the depths
who's emerged into the light
and fears seeing
for the first time.

Trembling valley,
convulsed
like one who's received their draft card,
like one who doesn't want to die.

You take me by the hand
and you let me go:
with your eyes wrapped
playing blind man's bluff
in the labyrinth of History.

I touch:
springy mosses.
They must be green
like the first fire,
austral fire.

Life doesn't come from seed
but from bacteria:
velvet bacteria gathered into a colony
on a rock.
That ancient stone:
asteroid or volcanic vestige.

I taste:
"everything was murmurous and tasted like sugar."
Even if there's no sweet nor bitter:
nor the men
whose backs are burnt in the zafra,
or in the cotton fields,
gathering a soft white flower with red spines;

tampoco hay las mujeres que oxidan sus manos
entre tomates envenenados
o campos de fresas.

- Huelo:
Chocolate.
Mancha oscura que una vez fue semilla o moneda.
Olor entre hojas de papel,
un regalo, un poema.
Escribí un libro, no lo sé.
Tampoco sé quién te mató.

Pero sé dónde ocurrió:

and there aren't the women who rust their hands
amid poisoned tomatoes
or strawberry fields.

- I smell:
Chocolate.
Dark stain which was once seed or coin.
Aroma between sheets of paper,
a gift, a poem.
I wrote a book, I don't know.
Nor do I know who killed you.

But I know where it happened:

Llama de asteráceas,
pétalos que,
fractales,
fueron geometría
antes que flor.

Verde es la lava,
del color que consume el fuego,
la semilla que explotó en el aire
incendiada por la violencia.

Bromelias que no serán
bromelias.
Tillandsias que flotaron
antes de la ley de gravedad,
flores aéreas,
porque no existía la superficie.

Y el espíritu del universo se movía sobre las aguas
y no era pez
ni trilobite.

Amarantáceas con pelos y tentáculos.
Flores que pudieron tener aletas
y no pétalos.

Tal vez monstruos.

Flame of asters,
petals which,
fractal,
were geometry
before flower.

Green is the lava,
that color which consumes fire,
the seed which exploded mid-air
burned by the violence.

Bromeliads which won't be
bromeliads.
Tillandsias which floated
against the law of gravity,
airborne flowers,
because the surface didn't exist.

And the spirit of the universe moved over the waters
and it wasn't fish
nor trilobite.

Amaranths with hairs and tentacles.
Flowers which could have had fins
and not petals.

Monsters maybe.

El polen está aquí,
entre ceniza y piedra volcánica,
marcado en las paredes
como un antiguo grafiti.

❀

The pollen is here,
between ash and volcanic stone,
marked onto the walls
like an ancient graffiti.

En el siglo III, la caldera de Ilopango hizo erupción.
Su magnitud fue la de una hecatombe:
su lava borró el orden inicial de la Tierra,
su ceniza cubrió miles de vegetaciones kilómetros a la redonda.
Vegetaciones desconocidas:
no hubo tiempo para nombrarlas.

He estado excavando con las manos
sin más instrumento que mis uñas.
Y donde temía encontrar cadáveres
encontré surcos.
En las paredes internas de la tierra,
capas de ceniza,
[TBJ, Tierra Blanca Joven, dirán los científicos]
encontré semillas.

¿Es posible que no las hayan calcinado
las lavas superpuestas por los siglos?
¿Es posible pensar que aún *algo* florece aquí?

Muchos años, siglos después,
los arqueólogos nos dieron los nombres de lo que subyacía
como forma transitoria de otra cosa:
como androginia de plantas y mamíferos,
como cosa que es y no será.
Y tampoco era.

Ahora yo, con las uñas negras de tierra,
sin más ley que mi lengua, te dicto sus nombres:

Asteraceae
Amaranthaceae
Iresines
Polygonum
Myrtaceae
Ambrosia
Mimosa [púdica]
Siemprevivas

In the third century, Ilopango's caldera erupted.
Its magnitude was one hecatomb:
its lava erased the initial order of the Earth,
its ash covered thousands of vegetations for kilometers around.
Unknown vegetations:
there wasn't time to name them.

I've been excavating with my hands,
my nails my only tool.
And where I feared I might find cadavers
I found furrows.
Within the earth's inner walls,
layers of ash,
[TBJ, Tierra Blanca Joven, as the scientists will say]
I found seeds.

Is it possible the overlaying lava
hadn't calcified them over the centuries?
Is it possible to think that even now *something* is blooming here?

Many years, centuries later,
the archaeologists told us the names of what was hidden below
as a fleeting form of another thing:
as androgyny of plants and mammals,
as a thing that is and won't be.
Nor ever was.

Now I, with my nails black from the earth,
with no other law than my tongue, dictate their names to you:

Asteraceae
Amaranthaceae
Iresines
Polygonum
Myrtaceae
Ambrosia
Mimosa [pudica]
Siemprevivas

Guárdalos cerca de tu corazón
y vuelve a pasarlos por él cuando las encuentres en tu camino,
como simple hierba.
Míralas con reverencia:
poblaron la Tierra antes de que existiera el lenguaje.

Keep them close to your heart
and rub them against it again when you find them along the way,
as simply weeds.
Look upon them with reverence:
they populated the Earth before language existed.

La impronta de una hoja
de tantas eras,
como códice vegetal,
narra un espacio desconocido
cuando la Tierra no era esto
y verde era su ley.

Improntas de hojas grandes como las manos de un agricultor
y diminutas como las de un recién nacido.
Antes,
mucho antes
de las huellas en las cavernas,
manos de mujeres que no sabían que ser mujer era el silencio.
Y un lenguaje sin nombrar
les permitía estirar la mano sobre la piedra,
pared antes de ser pared,
y marcar su huella.

Yo también he tenido hojas en las manos,
plantas que vivirán miles de años.
Me las dio un muchacho que no me quería:
solo las extendió como un mandato:
        -    8 mil de años han vivido estas flores,
le expliqué.

Y aquí estamos nosotros,
sin amarnos.

The imprint of a leaf
from so many eras ago,
like a vegetal codex,
narrates an unknown space
when the Earth wasn't this
and green was its law.

Imprints of leaves big as a farmer's hands
and small as a newborn's.
Before,
long before
the marks left in the caves,
hands of women who didn't know that to be woman was silence.
And an unnamed language
permitted them to stretch their hand out against stone,
wall before being wall,
and to leave their mark.

I too have held leaves in my hands,
plants sure to live thousands of years
They were given to me by a guy who didn't love me:
he just stuck them out like an order:
  -    these flowers have been alive for 8 thousand years,
I explained to him.

And here we are,
not in love.

Antes, los volcanes.
La erupción, el cataclismo.
Lava y ceniza.
No existían aún palabras.
Y es bellísimo imaginar
esa vegetación, desaparecida para siempre
incluso antes de ser nombrada.
No era este el lenguaje,
llamas de asteráceas,
estrellas en pétalos,
capítulos y polen.

Hoy brotan de la Patagonia a la Antártida
y en las manos de las gentes enamoradas
como virus de la inflorescencia.

Verde es la lava
en su brutal belleza.
No es el limo
lo húmedo
que hace brotar musgos,
es la bacteria
que activa
millones de bosques.

Before, the volcanoes.
The eruption, the cataclysm.
Lava and ash.
Words still didn't exist.
And it's wondrous to imagine
that vegetation, lost forever
even before being named.
This wasn't the language,
flames of asters,
stars in petals,
capitula and pollen.

Today they sprout from Patagonia to Antarctica
and in the hands of people in love
like a virus of the inflorescence.

Green is the lava
in its brutal beauty.
It's not the mud
the damp
which makes moss sprout,
it's the bacteria
which activates
millions of forests.

Somos flor
y enfermedad.

We are flower
and illness.

❁

ALEXANDER VON HUMBOLDT ROBÓ DEL JARDÍN DE AMÉRICA

❁

ALEXANDER VON HUMBOLDT STOLE FROM THE GARDEN OF AMÉRICA

Alexander von Humboldt robó del Jardín de América
cientos de flores llamadas orquídeas,
abiertas como vaginas.

Miles de mujeres robadas del Jardín de América.

Una mano temblorosa sobre un papel
las trazó para la ciencia:
pétalos,
sépalos,
labelos,
lóbulos,
androceo.
Apículo del ginostemo:
terminaciones nerviosas que se sienten en las yemas de los dedos.

Para el hombre: la exuberancia del mundo;
para la mujer: los invernaderos, los encierros.
Apenas una flor en una caja de cristal,
como un regalo.
Apenas asomarse al cristal, abrir, oler.
Apenas sangrar, parir, amamantar.
Apenas languidecer.

Miles de flores llamadas orquídeas,
abiertas como vaginas,
fueron robadas, como las mujeres, del Jardín de América.
Las liberaron de la selva, en el continente salvaje, dicen.
Pero tampoco consta que
esas mujeres se hayan visto al espejo desnudas alguna vez.

✿

Alexander von Humboldt stole from the Garden of América
hundreds of flowers called orchids,
open like vaginas.

Thousands of women stolen from the Garden of América.

A hand trembling over a sheet of paper
sketched them for science:
petals,
sepals,
labella,
lobes,
androecium.
Gynostemium apex:
nerve endings felt by fingertips.

For the man: the exuberance of the world;
for the woman: the greenhouses, the imprisonments.
Nothing but a flower in a glass box,
as a gift.
Nothing but sticking your head out the window,
opening, smelling.
Nothing but bleeding, birthing, breastfeeding.
Nothing but wilting.

Thousands of flowers called orchids,
open like vaginas,
were stolen, like women, from the Garden of América.
They liberated them from the jungle, on the savage continent,
they say.
But neither is it recorded that
those women had once looked at themselves naked in the mirror.

✦

Marie Rosalie Bonheur tal vez
se atrevió a mirarse al espejo desnuda.
Tal vez, vestida de muchacho,
Georgesandista,
con chistera y tabaco, cada noche en los bares,
se atrevió a pintar desnuda a una mujer.

Había pintado tantos caballos,
salvajes embestidas,
grandes llanuras,
Bisontes a traviesa,
bestias preciosas y sagradas.
Había visto tantas flores,
seductores pistilos,
apículos de ginostemo,
gimnospermas ingenuas,
que nada le sorprendía del tremor de un clítoris.

❀

Perhaps Marie Rosalie Bonheur
dared to look at herself naked in the mirror.
Perhaps, dressed like a guy,
Georgesandist,
with a top hat and a pipe, hitting the bars every night,
she dared to paint a woman naked.

She'd painted so many horses,
wild charges,
great plains,
migrating Bison,
precious and sacred beasts.
She'd seen so many flowers,
seductive pistils,
gynostemium apices,
naïve gymnosperms,
that she wasn't at all surprised by the tremor of a clitoris.

Otras,
divorciadas y perdidas,
las faldas hundidas en la ciénaga,
decidieron cruzar el mar y conocer su propia América.
Buscaron el sentido de la vida en las selvas:
orugas, gusanos y mosquitos,
flores de tierras altas y húmedas.

Más de mil mujeres viajaron a América para saber
que el jardín no era más que una selva sin cristales.

❀

Other women,
divorced and lost,
their skirts sunken into the mud and mire,
decided to cross the sea and discover their own América.
They looked for the meaning of life in the jungles:
caterpillars, worms, and mosquitos,
flowers from high, humid lands.

More than a thousand women traveled to América to find
that the garden was nothing but a windowless jungle.

Marianne North,
aunque era cantante,
decidió cundir su piel de picaduras de mosquitos
en la selva.
Conoció a los pericos *[Psittacula wardi]*,
saetas verdes que rompían el aire al atardecer
en busca de sus árboles,
y los pintó sobre las ramas de un árbol de fuego.

El árbol de fuego *[Delonix regia]*
crece en toda la carretera del litoral,
bajo el sol de Sonsonate,
que quizá no sea sol, sino piedra incandescente.

Por todo el litoral,
bajo las flores rojas de la *delonix,*
se observan cruces:
de colores, pintura de aceite,
maderas podridas y honestas.
Son las cruces de los asesinados en el camino.
De los arrollados, de los abandonados en la carretera
como quien se deshace de algo, lo que no importa.
Son las cruces de los que al menos fueron encontrados.

Alguna vez yo,
soprano frustrada como Marianne North,
también canté a los nombres desconocidos de esas cruces.

Marianne North,
though she was a singer,
decided to cover her skin with mosquito bites in the jungle.
She met parakeets *[Psittacula wardi]*,
green darts piercing the air at dusk
in search of their trees,
and she painted them on the branches of a flame tree.

The flame tree *[Delonix regia]*
grows all along the coastal highway
under the Sonsonate sun,
which maybe isn't a sun, but an igneous stone.

All along the coast,
under the red flowers of the *delonix*,
you see crosses:
various colors, oil paints,
wood rotting and honest.
They're the crosses for those murdered along the way.
For those run over, for those abandoned on the highway
like someone getting rid of something,
something that doesn't matter.
They're the crosses for those who at least were found.

Once I,
a frustrated soprano like Marianne North,
also sang to the unknown names on those crosses.

Rosa Luxemburgo coleccionó flores en la cárcel:
Un herbario
donde guardó pensamientos salvajes
[viola tricolor]
pensamientos comunes
[viola cornuta]
flores tempranas de otoño.
Porque el invierno
quién sabe
si ocurrirá
algún día.

Por favor, di a las esposas de los generales
que, como sus abuelas,
Rosa Luxemburgo coleccionó anémonas,
y usó un sombrero de paja,
también como ellas,
en las tardes del viento lacustre
de Coatepeque.

❀

Rosa Luxemburg collected flowers in prison:
An herbarium
where she kept wild thoughts
[*viola tricolor*]
commonplace thoughts
[*viola cornuta*]
flowers from early fall.
Because winter
who knows
if it will come
some day.

Please, tell the generals' wives
that, like their grandmothers,
Rosa Luxemburg collected anemones,
and wore a straw hat,
also like them,
on the afternoons of lacustrine wind
in Coatepeque.

❀

Las tías de Coatepeque y sus esposos los generales
no perdonaron
a las muchachas como Rosa Luxemburgo.
No hay semilla que valga
ni anotación del tiempo de floración
de las margaritas
cuando vienen los anticomunistas,
las manos blancas,
los escuadrones,
los manosduras,
y no hay posibilidad de tener flores en las manos
como habíamos tenido antes,
sin amarnos.

[A Roque Dalton (1935-1975)]

[En memoria de mi abuela, Rosa Elena Martínez (1931-2017),
quien me enseñó, cuando era muy pequeña,
los fantásticos nombres de las flores.]

❀

❀

❀

❁

The aunts of Coatepeque and their husbands the generals
didn't forgive
girls like Rosa Luxemburg.
There's no seed that's worth it
nor flowering time records
of daisies
when the anticommunists come,
the white hands,
the squadrons,
the ironfisters,
and there's no chance to hold flowers in our hands
like we did before,
not in love.

[To Roque Dalton (1935-1975)]

[In memory of my grandmother, Rosa Elena Martínez (1931-2017),
who taught me, when I was young,
the fantastical names of the flowers.]

❁
❁
❁

NOTA DE AUTORA

Este poema está dedicado a mi abuela Rosa Elena Martínez (1931-2017) y a la memoria de Roque Dalton (1935-1975), asesinado por sus propios compañeros del ERP y cuyo crimen sigue impune.

También se inscribe en la memoria y el agradecimiento a Edy Albertina Montalvo (1928-2020), la primera mujer que se dedicó a estudiar la botánica en El Salvaodr y fundó el Herbario de la Universidad de El Salvador y el Herbario del Jardín Botánico La Laguna.

Este poema está basado en las investigaciones científicas de los arqueólogos Payson Sheets, Robert Dull, Paul Amaroli, y Paul Daugherty; el biólogo Pablo Galán en la revista Pankia; el grupo de historiadoras reunidas en el libro Historia de las mujeres, dirigidos por George Duby y Michelle Perrot; y la investigación sobre mujeres viajeras de Miriam Lifchitz Moreira Leite.

La referencia al herbario de Rosa Luxemburgo es sobre las páginas del herbario que han sido publicadas en distintos medios en internet.

Incluye entrecomillado un verso de Marosa Di Giorgio: "todas las cosas eran susurrantes y con gusto a azúcar", de su libro *Está en llamas el jardín natal*.

La alusión al pez ciego centroamericano es de Ricardo Lindo en su libro *Lo que dice el río Lempa*.

El resto del conocimiento vegetal viene de mi abuelita, Rosa Elena Martínez, quien me enseñó, muy niña, los nombres de las flores, y quien también me enseñó a guardar flores prensadas en libros. Toda nuestra vida juntas recolectamos flores y hojas de los jardines de todas nuestras casas: la de la guerra, la de después de la guerra, y la definitiva, donde ella murió el 30 de noviembre de 2017.

Amar es hacer jardín.

❁

AUTHOR'S NOTE

This poem is dedicated to my grandmother Rosa Elena Martínez (1931-2017) and to the memory of Roque Dalton (1935-1975), murdered by his fellow members of the ERP and whose crime remains unpunished.

It was also inscribed in the memory of and thanks to Edy Albertina Montalvo (1928-2020), the first woman who dedicated herself to the study of botany in El Salvador and who founded the Herbarium of the Universidad de El Salvador and the Herbarium of the Jardín Botánico La Laguna.

This poem is based on the scientific investigations conducted by the archaeologists Payson Sheets, Robert Dull, Paul Amaroli, and Paul Daugherty; the biologist Pablo Galán at the magazine Pankia; the group of historians gathered in the book History of Women, edited by George Duby and Michelle Perrot; and the research about women travelers by Miriam Lifchitz Moreira Leite.

The reference to Rosa Luxemburg's herbarium considers the pages of her herbarium that have been published on various sites on the internet.

Included in quotes is the verse by Marosa Di Giogio: "todas la cosas eran suserrantes y con gusto a azúcar (everything was murmurous and tasted like sugar)" from her book *Está en llamas el jardín natal*.

The allusion to the blind Central American fish is from Ricardo Lindo in his book *Lo que dice el río Lempa*.

The rest of the vegetal knowledge comes from my grandmother, Rosa Elena Martínez, who taught me the names of flowers when I was very young, and who also taught me to keep flowers pressed in books. All our life together, we gathered flowers and leaves from the gardens of all our houses: the one during the war, the one after the war, and the final one, where she died on November 20, 2017.

To love is to plant a garden.

❁

NOTA DE TRADUCTOR

TAL VEZ MONSTRUOS presenta dos fragmentos del libro-poema de Elena Salamanca *[INCOGNITA FLORA CUSCATLANICA]*, que entrelaza meditaciones sobre la violencia, la botánica, la memoria familiar, la geología, el colonialismo y la resiliencia biológica, y que recibió el XXVI Premio Juegos Florales de Sensuntepeque en 2021.

Enraizado en la flora antigua y contemporánea de Cuscatlán, el territorio nahua-pipil de Centroamérica, donde ahora se encuentra El Salvador, el poema de Elena desdibuja las líneas entre planta/animal, recordado/olvidado y muerto/vivo. Es un texto muy personal que habita y nace de la liminalidad de la identidad basada en el lugar, y que Elena ha dedicado a la memoria de su abuela, a la que atribuye como fuente fundamental de sus conocimientos botánicos. Al mismo tiempo, *[INCOGNITA FLORA CUSCATLANICA]* es un poema expansivo que reconoce que la historia personal está incrustada en historias políticas, culturales, biológicas e incluso geológicas más amplias.

Los dos fragmentos de *TAL VEZ MONSTRUOS* subrayan la rigurosa imaginación con la que Elena investiga la complejidad de sus conexiones con la vida y el paisaje del lugar al que llama hogar. Como traductor, ha sido un regalo trabajar con Elena para sembrar estas versiones en inglés de sus versos. Nuestra esperanza es que también puedan florecer.

❁

TRANSLATOR'S NOTE

MONSTERS MAYBE features two fragments from Elena Salamanca's book-length poem, *[INCOGNITA FLORA CUSCATLANICA]*, which interweaves meditations on violence, botany, family memory, geology, colonialism, and biological resilience, and was awarded the XXVI Premio Juegos Florales de Sensuntepeque in 2021.

Rooted in both the ancient and contemporary flora of Cuscatlán, the Nahua-Pipil territory in Central America where El Salvador now exists, Elena's poem blurs the lines between plant/animal, remembered/forgotten, and dead/alive. It is a highly personal text that both inhabits and is born from the liminality of place-based identity. Elena has dedicated it to the memory of her grandmother, whom she credits as the fundamental source of her botanical knowledge. At the same time, *[INCOGNITA FLORA CUSCATLANICA]* is an expansive poem recognizing that personal history is embedded within broader political, cultural, biological, and even geologic histories.

The two fragments in *MONSTERS MAYBE* highlight the rigorous imagination with which Elena investigates the complexity of her connections to the life and landscape of the place she calls home. As a translator, it has been a gift to work with Elena to sow these English versions of her verses. Our hope is that they, too, might bloom.

❀

BIOGRAFÍA DE LA AUTORA
AUTHOR'S BIOGRAPHY

Elena Salamanca es una escritora e historiadora de El Salvador que actualmente vive en México. Ha publicado *La familia o el olvido* (2017 y 2018), *Peces en la boca* (2013 y 2011), *Landsmoder* (2022 y 2012) y *Último viernes* (2008). Sus libros más recientes, *Claudia Lars: La niña que vio una salamandra* (2020) y *Prudencia Ayala: La niña con pájaros en la cabeza* (2021) son los dos primeros volúmenes de su serie "Colección Siemprevivas" dedicada a las historias de más de 40 mujeres que nacieron o vivieron en El Salvador entre los siglos XVIII y XX. Su obra ha sido traducida al inglés, francés, alemán y sueco. Desde 2009 combina literatura, performance, memoria y política en el espacio público. Es candidata a doctora en Historia por el Colegio de México y su tesis investiga las relaciones entre la unidad centroamericana, la ciudadanía y el exilio. Obtuvo su maestría en Historia de El Colegio de México (2016) y la Universidad de Huelva, España (2013).

Elena Salamanca is a writer and historian from El Salvador currently living in Mexico. She has published *La familia o el olvido* (2017 and 2018), *Peces en la boca* (2013 and 2011), *Landsmoder* (2022 and 2012), and *Último viernes* (2008). Her most recent books, *Claudia Lars: La niña que vio una salamandra* (2020) and *Prudencia Ayala: La niña con pájaros en la cabeza* (2021) are the first two volumes of her "Colección Siemprevivas" series dedicated to the stories of more than 40 women who were born or lived in El Salvador between the 18th and 20th centuries. Her work has been translated into English, French, German, and Swedish. Since 2009, she has combined literature, performance, memory, and politics in public space. She is a doctorate candidate in History from the Colegio de México, and her thesis investigates the relationships between Central American unity, citizenship, and exile. She earned her master's in History from El Colegio de México (2016) and the Universidad de Huelva, Spain (2013).

BIOGRAFÍA DEL TRADUCTOR
TRANSLATOR'S BIOGRAPHY

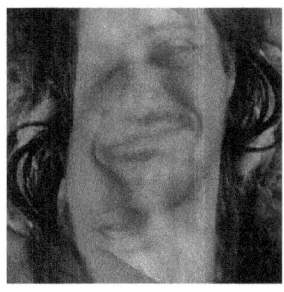

Ryan Greene es un traductor, librodor y poeta de Phoenix, Arizona. Es co-conspirador en F*%K IF I KNOW//BOOKS [www.fiikbooks.org] y compañero de piso en no.good.home [www.nogoodhome.com]. Sus traducciones incluyen trabajos de Elena Salamanca, Claudina Domingo, Ana Belén López, Giancarlo Huapaya y Yaxkin Melchy, entre otres. En 2021, fue otorgado la PEN/Heim Translation Fund Grant para su colaboración con Yaxkin Melchy, y su traducción de *Landsmoder* por Elena Salamanca ganó el Stories Award for Poetry organizado por Not a Cult. Desde 2018, facilita los talleres de la Cartonera Collective de Cardboard House Press en Palabras Bilingual Bookstore. Como Collier, el suelo bajo sus pies no es el suyo.

Ryan Greene is a translator, book farmer, and poet from Phoenix, Arizona. He's a co-conspirator at F*%K IF I KNOW//BOOKS [www.fiikbooks.org] and a housemate at no.good.home [www.nogoodhome.com]. His translations include work by Elena Salamanca, Claudina Domingo, Ana Belén López, Giancarlo Huapaya, and Yaxkin Melchy, among others. In 2021, he was awarded the PEN/Heim Translation Fund Grant for his work with Yaxkin Melchy, and his translation of Elena Salamanca's *Landsmoder* won the Stories Award for Poetry published by Not a Cult. Since 2018, he has facilitated the Cardboard House Press Cartonera Collective bookmaking workshops at Palabras Bilingual Bookstore. Like Collier, the ground he stands on is not his ground.

www.ingramcontent.com/pod-product-compliance
Lightning Source LLC
Chambersburg PA
CBHW070948120626
46546CB00004B/1616